Melany de Isabeau

GEDICHTE VERSE WEISHEITEN VON MEINER FREUNDIN

JOSY JUMTOW

DER ENGEL

Ein Engel schwebt im Himmelsraum,
mit geschlossenen Augen wie im Traum.
Der Engel, froh im Gemüt und munter,
oh weh, er fällt vom Himmel runter.

Auf Erden, wie kann es anders sein,
fühlt sich der Engel doch sehr allein.
Wäre da nicht dieses eine Gesicht,
aus dem so viel Liebe spricht.

Der Engel schaut, er schaut zu lange,
und Gott im Himmel wird ganz bange.
Engel dürfen sich nicht verlieben,
auf Erden,
was soll aus ihren Seelen werden.

Engel sind so zart und fein,
so verletzlich und so rein.
So tief, fühlt der Engel nun das Licht,
wie des Mannes sein schönes Gesicht.

Nie hat der Engel so empfunden,
bis zu diesen Stunden.
Und kummervoll mit großem Schmerz,
schaut Gott in des Engels Herz.

Der Engel im Himmel geboren,
ist er doch auf Erden verloren.
Wird die Liebe die Magie bezwingen,
und das große Glück dem Engel bringen.

Der Engel sieht in sein Gesicht,
von Liebe, strahlend, wie ein Gedicht.
Er sieht in seinem Herzen mild,
rote Rosen, und sein Bild.

Der Engel sieht in seiner Seele froh,
seine Gefühle brennen lichterloh.
Der Engel fühlt, der nur Liebe kennt,
auf den Lippen sein Kuss noch brennt.

Fest hält er den Engel in seinem Arm,
ein Gefühl so innig und warm.
Der Engel so tief versunken,
in seiner Liebe voll und ganz ertrunken.

Seine Liebe so voller Zärtlichkeit,
Seelen fliegen, öffnen die Herzen weit.
Ist der Engel auf Erden verloren,
oder ist auf Erden der Himmel geboren.

Flügel tragen sie keine auf Erden,
damit sie nicht gesehen werden.
So kann keiner je erkennen,
und ein Engel sein Eigen nennen.

Es wird unter uns einige Engel geben,
die nicht durch die Lüfte schweben.
Menschen, die ihre Gaben schenken,
mit ihr Glaube, und Liebe zu bedenken.

****

DAS ÄLTER WERDEN

Ein Mann im Mittelpnkt steht,
es ihm immer sehr gut ergeht.
Er ist überall sehr gern gesehn,
alle wollten ihn verstehn.

Allein, wenn er zu Lachen beginnt,
er jedes Herz im Sturm gewinnt.
Alle helfen ihm nur zu gerne,
Menschen aus der Nähe und Ferne.

Ihm gilt Bewunderung von vielen,
denn er kann mit Farben spielen.
Bewunderung ist nicht die Ewigkeit,
ehrliches Gefühl ist das was bleibt.

Er fühlt sich in der Mitte vom Licht,
und spürt nicht, wie langsam es bricht.
Vergessen sind die Jahre viel zu schnell,
das Licht, es brennt nicht mehr so hell.

Er in der Mitte saß,und alle um ihn rum,
sie lauschten seinen Worten stumm.
Seine Worte hatten wohl Gewicht,
heute hört man seine Worte nicht.

Junge Leute sind wohl lieber unter sich,
Augen für alte Leute, haben sie nicht.
Er hätte von Früher viel zu berichten,
interessantes und schöne Geschichten.

Auch seine Kunst kann er weitergeben,
für die Jugend,für das kommende Leben.
Man könnte von ihm noch so viel lernen,
doch die Jugend greift zu den Sternen.

Er sitzt bescheiden bei einem Glas Wein,
doch meistens sitzt er ganz allein.
Die Jugend, kaum einer mit ihm spricht,
er sitzt da, mit einem traurigem Gesicht.

Warum ich hier das nun berichte,
es ist eine traurige Geschichte.
Auch für uns wird es Winter, und kalt,
wir werden halt alle mal Alt.

DIE MUSIK

Kleine Finger über Tasten gleiten,
klingende Töne sich im Zimmer leiten.
Die Melodie den Raum durchdringt,
das Kindlein mit zarter Stimme singt.

Es spielt mit so viel Herz, ganz sacht,
das Musikstück, es vollkommen macht.
Kindleins Gesicht von Kerzen erhellt,
als lebe es, in einer anderen Welt.

Die Welt voll zauberhaften Melodien,
durch himmlische Töne sie entfliehn.
Mit Noten spielen, erkennen die Welt,
Leid, Liebe, und das Himmelszelt.

Kindlein spielt, als hänge ab, sein Leben,
sein Herz, will es zum Himmel streben.
Hell erfüllt der Raum durch Klang,
durch des Kindes lieblichen Gesang.

Dabei, nur ein alter Mann, der hört zu,
sein Gesicht von himmlischer Ruh.
Nur ein paar Tränen gehen auf die Reise,
liefen über sein Gesicht, ganz leise.

Nie wieder hat das Kindlein so gespielt,
nie wieder, die Musik so tief gefühlt.
Nie, wird es zum Klavier mehr gehen,
der alte Mann konnte es ja nicht sehen.

****

LIEBESGEDICHT

Zwei Körper sich im Rhythmus wiegen,
Geist und Körper nun zusammen liegen.
Gefühl und Herz, den Rhythmus spüren,
gemeinsam empfinden, und berühren.

Große Gefühle, tief in uns drin,
bei der Liebe, schmelzen Herzen dahin.
Küsse deine Augen, Stirn und Mund,
die Liebe fühlen je Minute und Stund.
Bei jeder Berührung das Herz erbebt,
dein Sein innig, in meinem lebt.

Tanzende Herzen im gleichen Rhythmus,
Lippen berühren, zärtlich zum Kuss.
Gefühle vom Herzen, ohne Schranken,
zwei Liebende versunken in Gedanken.
Liebe zweier Menschen innig und rein,
es ist unsere Liebe, dein und mein.

****

ZEIT DIE NIE VERGEHT

Ballsaal alt anzusehn,
ramponierter Boden, eben alt.
Auch alte Stühle, ringsum stehn,
Lüstern leuchten, wie gemalt.

Mitten im Saal, das tanzendes Paar,
verliebt, sich in die Augen sehend.
Scheinen die Welt vergessen wunderbar,
glücklich in ihrer Liebe verstehend.

Sie tanzten in die Ewigkeit,
von Liebe und Leidenschaft bestimmt.
Sie tanzten durch Raum und Zeit,
bis langsam, dieses Bild verschwimmt.

Jahre sind vergangen,
die Zeit bleibt ja nicht stehn.
Das nächste Jahrzehnt hat angefangen,
sehn ein Pärchen in den Ballsaal gehen.

Ballsaal, der Fußboden restauriert,
alte Stühle auf neu gemacht.
Die Lüstern leuchten wie geschmiert,
alt und doch neu, wer hätte das gedacht.

Und mitten im Saal das tanzende Paar,
verliebt sich in die Augen sehend.
Scheinen die Welt vergessen wunderbar,
glücklich in ihrer Liebe verstehend.

Sind sie auch älter, oder auch nicht,
ihre Augen strahlten in einem Glanz.
Aus ihren Augen wahre Liebe spricht,
innig versunken bei diesem Tanz.
Er sie nun fest, in seine Arme nimmt,
und nun langsam das Bild verschwimmt.

Und wieder sind Jahre vergangen,
alles modern, gewaltig und groß.
Ein neues Zeitalter hat angefangen,
wo sind die vergangenen Jahre bloß.

Geh so versunken
schau, denke ich, das kennst du doch.
Der Ballsaal, neugierig schau ich rein,
seh dieses Pärchen immer noch.

Der Ballsaal wunderschön,
Parkettboden glänzend, wie gemalt.
Alles restauriert, alles neu zu sehn,
die Lüstern im Glanze erstrahlt.

Und in der Mitte das tanzende Paar,
verliebt sich in die Augen sehend.
Trotzdem schon grau das Haar,
glücklich in ihrer Liebe verstehend.

****

MALEN

In der Küche, mit Farben und Papier,
male ein schönes,Gesicht, nur von dir.
Das Gemalte kommt in einen Rahmen,
Es trägt im Herzen deinen Namen.

*

KREATIVLOCH

Ich saß mal am Rhein
und mir fiel nichts mehr ein
so sehr ich mich auch bemühte
mein Kopf auch blühte
die Gehirnwindungen sich bogen
meine Gedanken flogen
der Boden ging auf, ich flog rein
das muss dass Kreativ Loch sein.

*

NUR MIT DIR

Nach vielen Jahren, meiner Seele
neues Hoffen.
Die Tür zu meinem Herzen
für dich steht sie offen.
Dieses Gefühl
so sehr vermisst
Schmetterlinge im Bauch,
wenn das Herz glücklich ist.

Ich denk an dich,
wenn mich die Liebe grüßt.
Nur du bist für mich
das schönste Paradies.
Schnell wie der Wind
zu dir mein Gedanke fliegt
Du lebst in ihnen,
ich kann dich nie verlieren.

Meine Träume von dir,
hell wie der Sonnenschein.
Gemeinsam denken wir uns
ins Wunderland hinein.
Durch Fantasie die unsere
Träume beflügelt.
Tauchen wir ein,
in romantische Gedanken, ungezügelt.

*

DEIN ENGEL

Lass mich dein Engel sein,
dass Gefühl geben, du bist nicht allein.
Lass mich zuhören, fühlen dein Schmerz,
ganz leise, berührend tief in mein Herz.

In meine Arme dich haltend ganz sacht,
verstehend, dir helfen durch die Nacht.
Beide tröstend, den Morgen erleben,
dir ein Gefühl von ewiger Wärme geben.

Deine Tränen trocknen, mit sanfter Hand,
dich führend durch das Engelsland.
Der Schmerz, den dein Herz spürt,
ist der Schmerz, der auch mein Herz
berührt.

Kann man Schmerzen auch nicht
verhindern,
wir können sie teilen, und damit
lindern.
Auch Traurigkeit können wir teilen,
wenn es so ist, auch mit dir weinen.

Gewissheit, dass es mich für dich gibt,
soll dir sagen, du wirst geliebt.
Nur du bist das Glück für mich,
nur du, ich liebe dich.

*

GEDANKEN AN DICH

Warum bist du gekommen,
wenn du gleich wieder gehst.
Du hast mir mein Herz genommen,
weil du es so gut verstehst.
Nun bin ich verzweifelt in meinem Sein,
und ein trauriges Herz zerbricht.
Höchste Glückseligkeit fände ich allein,
durch dich, des Herzens helles Licht.

Tief, auf eine wundersame Weise,
berührst du mich, in meinem Herzen
ganz leise.
In deinen Augen Träume der Ewigkeit,
von Liebe und Glück zu zweit.
Träumen weit über Grenzen fort,
fliegen an einen schöneren Ort.
Liebe Worte soll ich finden, in der
kalten Welt,
wo einem alles aus den Händen fällt.

Und leise fallen Tränen über mein
Gesicht,
sie löschen die Sehnsucht im Herzen
nicht.
Du wirst es niemals sehen,
des Herzens Tiefe kannst du nicht
verstehen.
Tiefe Liebe zu dir, ist wahr,
dein Gesicht tief in meiner Seele so nah.

*

DER LIEBE MUT

Du meiner Liebe sehnen,
Gefühle, alles im Herzen bebt.
Seelen in Liebe vergehen,
mein Herz zu deinem strebt.

*

GEDANKEN AN DICH

Geliebter, eh du mich fragst,
ich bin in dich verliebt
wie am ersten Tag.
Meine erste Verliebtheit,
meine erste Liebe galt dir
und heute ist sie wieder da,
tief in mir.
Am frühen Morgen fröhlich sein,
am späten Abend Gedanken an dich,
schauen in den Sonnenschein.
Lachen, Freunde grüßen,
im Regen springen,
träumen von dir,
um schwirrt von Schmetterlingen.
Liebeslieder hören,
die Welt der Liebe umfassen
und anderen mein Parkplatz überlassen.
Verwirrt, unsicher und
doch sicher sein,

verträumt, verliebt und versinken
in Gedanken rein,
Sehnsucht empfinden ernst und tief
und Gedanken kreisen,
die Geister die ich rief.
Meines Herzens Türlein
nur für dich, steht es offen,
in meinem Herzen
Vertrauen und ewiges Hoffen.

*

ICH HASSE NUR MICH

Ich hasse, wie du mich wahnsinnig
machst,
wenn du schaust und wenn du
lachst.

Ich hasse bei deinem Anblick in mir
das zärtliche Gefühl.
Dein Schweigen, dein Blick abwehrend
und so kühl.

Ich hasse das Kribbeln im Bauch
und das Sehnen.
Schlaflose Nächte, Ruhelosigkeit
und die Tränen.

Ich hasse, das ich nicht jung,
schön, kreativ und klug.
Das ich für dich einfach nicht
genug.

Ich hasse es, weil ich spür,
dass die Liebe ewig bleibt,
und kein Dichter dieses Gefühl
je wirklich beschreibt.

Am meisten hasse ich, dass nichts
in mir dich hasst.
Nicht mal ein wenig, nicht mal
ein bisschen, auch nicht mal
fast.

*

DES HERZENS VULKAN

Wie lange kann er schweigen,
in innerer Glut verbrennen
im Liebesreigen.

Auch Herzen können weinen,
wenn keiner ihre Qualen versteht.
In glühender Liebe erweilen,
blutende Seele einsam vergeht.

Tun als wären wir Freunde,
doch fühlen der Liebe Glut.
Verbergen Sehnsucht und Tränen,
verzweifelte Stärke und Mut.

Eine Träne trocknet nur in deinen Augen,
Gefühle wie wogende See.
Brodelndes Feuer der Seele,
lässt vergessen das Weh.

*

ICH LIEBE NUR DICH

Ich liebte dich damals,
ich liebe dich jetzt.
Ich trage die Sehnsucht,
die mein Herz so zerfetzt.
Meine Lippen sind stumm,
meine Tränen sind mein Blut.
Du hörst mein Herz nicht leise weinen,
fühlst nicht meines Herzens Glut.
All die Empfindungen in mir leben,
eingebrannt in meinem Herzen ruhn.
Ewige Liebe will ich dir geben,
du brauchst weiter nichts mehr tun.

WAHRE LIEBE

Nur wenn man auch in schweren Zeiten
zu seinem Partner steht,
kann man von wahrer Liebe sprechen!

DREI DINGE

Ich brauche drei Dinge im Leben:
Die Sonne, den Mond und Dich.
Die Sonne für den Tag,
den Mond für Nacht
und Dich für immer!

DIE MENSCHEN

Neid muss man sich erarbeiten
und Mitleid bekommt man
geschenkt.

FREUNDE

Freunde verständigen sich nicht,
sie verstehen einander...

VERGESSEN

Wenn alle Ketten reißen,
wenn jedes Herz zerbricht,
wenn alle dich vergessen,
mein Herz vergisst dich nicht...

TRENNEN

Auch wenn uns viele Kilometer
trennen,
ich bin froh das wir uns
kennen,
denn du gehörst zu den Menschen
die man nie vergisst,
weil du etwas ganz Besonderes
bist...

LACHEN

Viel schöner bist du wenn du lachst,
als wenn du eine Schnute machst!

DIE WELT

Je kaputter die Welt draußen,
um so heiler
muss sie zu Hause sein.

DEIN LEBEN

Geh dein Leben
Schritt für Schritt
geh nicht allein,
nimm Freunde mit.
Rutscht du aus,
bleib ja nicht liegen
denn wer nicht kämpft,
kann auch nicht siegen!

ZUHAUSE

Wo das Herz wohnt
da ist man zuhause

ROSEN

Wer Rosen wirklich liebt,
wird nicht auf grund der Dornen
auf sie verzichten

DIE EILE

Die Ruhe ist den Menschen heilig,
nur Verrückte haben es eilig...

GOTT

Der liebe Gott
kann nicht überall sein,
deshalb erschuf er
die Großmütter.

ZEIT

Nimm dir Zeit für die Menschen die du
liebst!
Denn irgendwann nimmt dir die Zeit,
die Menschen die du geliebt hast!

ERINNERN

Es gibt Menschen,
die sich an dich erinnern,
einfach nur
weil sie dich lieb haben.
Andere nur
wenn sie dich brauchen.

LÄCHELN

Ein Lächeln ist
die schönste Sprache
der Welt.

DIE LEHRER

Lehrer sind Menschen
die uns helfen,
Probleme zu beseitigen,
die wir ohne sie gar nicht hätten.

SORGEN

Der Tag geht zu Ende:
Überdenke noch einmal,
was er dir an Sorgen
gebracht hat.
Ein paar davon behalte,
die anderen wirf weg.

DIE MENSCHEN

Menschen lieben dich solange,
bis sie dich nicht mehr brauchen.

ENGEL

Wenn du den Wind
nicht mehr spürst,
hat der letzte Engel
seine Flügel verloren.

AN MEINER SEITE

Gehe nicht vor mir
ich möchte dir nicht folgen.
Gehe nicht hinter mir
ich möchte dich nicht führen.
Aber gehe immer an meiner Seite,
und sei mein Freund.

HERZEN

Wir begegnen uns im Leben,
damit sich unsere Herzen berühren...

VERPASST

An jedem Tag,
den man mit Ärger verbringt,
verpasst man
24 glückliche Stunden...

FREUNDSCHAFT

Unsere Freundschaft
die soll brennen
wie ein dickes Kerzenlicht,
Freunde
wollen wir uns nennen,
bis der Dackel
englisch spricht...

LICHT

Liebe ist das Licht
das auch in dunklen Zeiten
nicht erlischt.

DIÄT

Ich mache jetzt drei Diäten,
von einer werde ich nicht satt.

SCHÄTZEN

Schätze den Menschen der dir zeigt,
was Du ihm bedeutest...
und lasse den gehen,
der nicht zu schätzen weiß,
was Du für ihn tun würdest...

SCHWER

Der Dienstagmorgen
fällt so schwer
ach wenn doch bloß
schon Freitag wär...